Koffitche Koufionou

Chant d'Espoir

Koffitche Koufionou

Chant d'Espoir

Ce recueil est l'histoire de toute une vie en Afrique subsaharienne

Éditions Muse

Imprint

Cover image: www.ingimage.com

Publisher:
Éditions Muse
is a trademark of
Dodo Books Indian Ocean Ltd., member of the OmniScriptum S.R.L Publishing group
str. A.Russo 15, of. 61, Chisinau-2068, Republic of Moldova Europe
Printed at: see last page
ISBN: 978-620-2-29910-7

[1]Chant d'espoir

Depuis les périodes éloignées, les temps immémoriaux
Jusqu'aux légendes racontées par les griots,
Les problèmes ont toujours été le quotidien des hommes
Tu n'es pas le premier dans ton cas, effaces tes larmes
Même si tout semble basculer tant que tu vis
Ne baisse jamais les bras   et espères pour ta survie
Ne regarde pas les lâches qui se suicident
Ni les peureux qui se nourrissent   d'inquiétude
Ne craint jamais de chuter dans tes actions
Mais chaque fois il faut te relever avec détermination
Car chaque problème est un examen qui forme
Qui nous fait grandir, qui nous transforme
Qui nous fait accéder à la classe supérieure
Qui nous dresse et fait de nous des seigneurs
C'est vrai qu'il y a des réalités qui nous touchent
Qui viennent briser nos rêves et gâcher nos recherches
Des humiliations répétées qui embrouillent nos visions
Qui nous font croire que notre avenir n'est qu'illusion
Parfois on n'est pas prêt à tout accepter
On préfère s'en éloigner ou refuser de les respecter
Il est aussi vrai que la vie est faite de douleur
Mêlée des moments merveilleux et quelque fois de douceur
Tant que tu existes et respires sur cette terre
Le soleil de ton bonheur brillera comme un mystère
C'est un chant d'espoir qui veut donner la joie
Aux hommes avant que la mort ne leur impose sa loi

11

Poème : Je t'ai vu

Il y a des fois où je me suis demander,
Pourquoi il te faut toujours quémander ?
Il y a des fois où je me suis étonné,
De te voir tout fuir et tout abandonné.

Je t'ai pourtant vu braver les vagues des océans.
Je t'ai vu lutter contre le désert en suant.
Je t'ai vu épouser le danger sans remords.
Je t'ai vu remercier ceux qui te donnent la mort.

J'ai vu les étrangers posséder tes terres
Contre des miettes arrosées aux ministères.
Puis j'ai vu comment on te traite au bercail.
Oui au bercail tu es vu comme un racaille,

Qui n'est utile que pour les campagnes,
Qui n'est bon que pour de sales besognes.
Tes propres dirigeants te poussent à la porte
Avec des sourires rouges sang ils te tapotent.

J'ai vu ton âme de fleurs verte errer dans les bars
Très soif de justice et prêt à s'abreuver du désespoir
Mais je te reproche ta passivité et ton silence
Qui rend plus épais le brouillard de tes supplices.

Poème : *Ajan*

Le temps passe mais l'attente vaut la peine.
Je parcours tout ce désert pour te voir ma reine.
Je serai là au crépuscule, dans le noir du soir,
Je viendrai te voir pour graver notre histoire.

Je ferai voir aux peuples ton sourire argenté
Ce sourire qui multiplie par mille ta beauté.
Même frappé à la vue de ton corps chocolaté,
Ta silhouette d'ange éblouie mon cœur agité.

Ajan kpɔ mita, kpɔkpɔ matsikɔ, nyɔnufia
Pour toi je peux combattre des royaumes,
J'irai sur les montagnes et sur les dômes
Je défierai le cartel mexicain et sa mafia

Les aiguilles de ma montre sont en vitesse
J'ai pourtant arrêté le temps en ta présence
Pour mater ta silhouette frappée de beauté
J'ai supplié le soleil de nous donner sa clarté
Pour toujours ; Hélas ! Il a une rotation à respecter.

Kouf d'été

Poème : Une nuit de vérité

La douceur de sa bouche me rendait heureux
Son teint chocolat brillait, c'était merveilleux
Elle m'embrassait avec passion
Et son visage était plein d'émotion
Nos regards en ce moment se déchirent,
Il m'était très difficile de réfléchir
Et quand le moment vient de s'unir à jamais,
Elle m'éblouissait par des gestes que j'aimais.
Soudain sur ses yeux angéliques
Perlent deux longues larmes authentiques
Qui descendaient la colline de ses seins.
Ce qui rendait malheureux tous les saints.
Et mon cœur, qui obsédé par son charme
N'avait pas de mots pour exprimer cette amertume.
C'était une nuit de vérité qui pour toujours
Restera devant nous comme la pensée du jour
« Je suis vierge » M'a-t-elle dit après la scène
J'ai ressenti envers moi-même une haine
D'avoir pris ce qu'elle avait de plus belle
Et je regrette. Mais sa beauté me chancelle

Kouf d'été

UN MATIN D'ETE

Le soleil était si bas à l'aurore
Tel le début d'une fleur qui s'éclore.
Les roses qui avaient vu ce petit matin,
Laissaient dans une beauté rare le jardin,
Eclairé par ce soleil d'été
Qui annonce comme un ange la gaieté.
Devant ce spectacle qui me donnait un coup fatal,
Ton visage faisait de moi un malade mental.
Même le soleil dans sa course n'a jamais vu
Un visage comme le tien, bien pourvu
D'une beauté naturelle éblouissante,
D'une majestueuse voix émouvante
Des yeux rayonnants tels le soleil d'été
Qui promettent par ses lueurs la fidélité
Jusqu'alors ce visage me hante
Emu, ébloui je chante
Toutes louanges comme si tu étais une Déesse
Et à la longueur de la journée j'admire ta noblesse.

Poème : Que penses-tu ?

Que penses-tu d'une heure sans bruit ?
À la même longueur d'onde dans la même joie qu'autrui ?
Sur une place où pilule le bonheur
Où tu sièges avec toute ta candeur
Que penses-tu d'une journée sans jérémiade ?
Comme l'Egypte dans le temps des Pyramides
Que penses-tu du soleil de nos aïeux
Et de ce moment qu'on passe loin des orgueilleux
Entre les montagnes de ce beau paysage
Qui donne à la nature une beauté sauvage
Que penses-tu d'un château splendide et grandiose
Plein de toutes sortes de surprises
Construit dans une vallée ensoleillée
Que le temps et les tempêtes ne sauraient balayer
Que penses-tu d'une soirée de silence
Qui ne laisse entendre que ta douce voix de délice
Dis-moi ce que tu penses de tous ces bonheurs
Qui n'ont ni limite ni d'heure ?

J'ai vu ces enfants

Ah ! j'ai vu ces enfants gémir
Et mon cœur n'a cessé de frémir
J'ai vus maltraité ces enfants sans mot
Tout mon désir est de leurs éviter ces maux
J'ai vu ces enfants sous le poids du travail
Oui, je les ai vu sous le coup du bâton
La haine à la main, le mépris au visage
Abattu par la méchanceté de leurs voisinages,
Ces enfants ne croient plus en l'amour
Car tous les faits dépassent l'humour.
J'ai vu certains de ces enfants mourir
Car ils n'ont rien trouvé pour se nourrir
J'en ai vu d'autres sur les routes dans la solitude
La main tendue vers la providence dans l'inquiétude
Oh ! courez à leur secours chers philanthropes
Sans rien voir ni attendre comme des antilopes
N'ayant en vous aucune notion de jour ni d'heure
Sauf les aider et leur donner accès au bonheur

Je suis fier

Je suis plus confiant que jamais

Des moments Tendres que J'aimais

Ainsi pour chasser mes idées noires

Je n'ai besoin que d'un seul soir,

Luit par ta présence. Je suis rempli d'espoir

Chaque fois que je dois te Voir

Seule, assise à l'entrée du Jardin

Paisible comme les eaux du Jourdain

Je suis fier de la splendeur de ton corps

Et de ton regard qui me frappe encore

Je suis fier de tes cheveux ébènes

Qui par un mystère me ramènent

Je suis fier de te dire que tu es ma tigresse

Que je garderai jalousement dans ma forteresse

Même si ton regard me trouble par hasard

Comme la plus grande chute des lézards

Je resterai calme pour subir ton massage

Afin de mieux comprendre ton message

Quand vient enfin l'heure que tu chantes

J'entends ta mélodieuse voix qui me hante

Alors toute la soirée devient belle

Et doucement tu m'ensorcelles

Kouf d'été

Poème : la confession

Mon Père je ne peux m'empêcher de l'aimer
J'avoue qu'elle est ma faiblesse
J'affrontais un monstre en combat mortel
C'était terrible de fuir ce grand duel
Un total dilemme qui enfante, diffuse
Du chagrin, de vives et profondes blessures
Pourtant ma raison de vie se cache là
-Mon père suis-je condamné à perdre ?
-Oui mon fils ; car tu te bats sans arme.
Je pensais oublier son visage d'ange
Mais elle apparaît toujours dans mes songes
Son nom traverse mon âme de détresse
Comme si ma vie est privée d'allégresse
La mélancolie m'embrasse dans la solitude
Et mon existence baigne dans l'Inquiétude
Mon père je ressens toujours son parfum
Et de son doux corps j'ai encore faim.
Je veux qu'elle redevienne ma propriété
Pour que la joie renaît de mes souffrances.
Voici mon père ce qui est mon péché

Poème : Quand je serai là

Je philosopherai sur ton cœur nu
Par le moyen de la dialectique très connue
Je serai à la fois Essentialiste et Existentialiste
J'admirerai la nature de ta beauté comme un artiste
Et je te ferais la Psychanalyse Freudienne
En t'aimant comme si tu étais une indienne
Je ferai du temps un collaborateur
Qui jadis fut pour notre amour un destructeur
Ainsi je te dirai que je t'aime dans le temps et dans l'espace
Et que ni le temps, ni la distance de la surface
Ne laisseront de tache sur nos sentiments
Qu'on a construit ensemble dans l'encouragement.
Je te dirai que ton image est emblématique
Même si ce moment sera très philosophique
Je louerai Dieu pour ta beauté et ta posture
Moi je t'épouserai selon les principes d'Epicure
Et nous nous aimerons comme Pierre et Marie Curie

Poème : Je suis là

O ! Je suis là pour toujours ma mignonne,
Je veux que toutes tes peines soient miennes.
Je ressens ta présence chaque fois que tu es triste ;
Et je l'avoue la distance qui nous sépare m'attriste.
J'ai fait un beau rêve de toi si je ne me trompe
Non pas de devenir président comme Donald Trump.
Mais de respirer le parfum de ton corps pour toujours
De te voir réchauffer mon lit avec tout ton amour
D'entendre ta jolie voix me consoler et m'encourager
De te voir me supporter et apaiser ma colère enragée.

POÈME : Comment te laisser ?

Tout juste après le long trajet du soleil
Je suis hanté par le sentiment de ta présence
Qui me pousse à te voir avant ton sommeil.
Et, devant toi, je vois un visage seul en silence
Qui, malgré défait, défie la beauté des anges
Un visage lointain dont le charme m'éblouit
Et me rappelle l'histoire des mages
Comment te laisser cette nuit, que seul ton visage luit ?
Si seulement je peux dessiner comme Jack,
Je te mettrai sur une plus belle toile que Rose dans Titanic
Comment te laisser quand mon âme est pris au piège
Dans la forteresse de ton regard émouvant ?
Alors je me rends comme une ville que l'on assiège
Comment laisser ta main qui m'emporte comme le vent
Vers le monde des idées où tu multiplie mon bonheur.
Viens ! Viens ! Viens éloigner de moi le malheur
Viens ! Dit mon âme fait moi l'honneur
S'il te plaît ne me donne pas d'heure.

Kouf d'été

POÈME : Le voyage au fond de mon âme

J'arpente un sentier couvert de brouillard épais
Le temps est difficile à préciser, tout est d'abord inconnu
Après quelques pas que j'effectue en m'appuyant sur mes souvenirs,
Je découvre la mémoire de mon âme près d'un arbre solitaire
Et j'ai eu dans mon esprit un débit élevé de curiosité
Qui me force à intégrer cette mémoire dans ma pensée
Soudain je me retrouve au fond de mon âme troublée.
Je revois mon innocence et mon ouverture d'esprit d'enfant
Dernière les fumées de trahisons, d'envie de haine profonde
Et la grandeur de ma naïveté qui ouvre mon cœur devant les moqueurs.
Je revois aussi l'image chaude de mes premières amours à l'école
Et l'énergie qui sortait de ma plume libérant l'état de mon cœur
L'énergie qui faisait voyager les femelles sur les ailes de mes vers
L'énergie qui transformait les cœurs solides en source de romance
Où jaillissaient la tendresse et la douceur pour le bonheur de mon âme.
Je découvre derrière ce fleuve de tendresse les cicatrices de mon cœur
Laissées par le passage des amours impossibles et des désirs inassouvis
Des visages radieux qui m'ont prouvé l'existence de la déception
Malgré le bonheur intense que produit la chaleur de leurs bras
Et le paradis éphémère que procurent leurs présences nocturnes.
Dans le fond de mon âme je vois loin derrière moi les montagnes de difficultés
Que j'ai surmonté à l'aide d'une force Suprême venant d'en haut.
Les images des multiples erreurs de ma vie m'enseignent
Des leçons de valeurs qu'aucune institution ne peut me donner
Elles m'avertissent que le passé m'attend patiemment sous un arbre d'expérience.
Revenu dans ce monde des humains, l'espoir m'accueille les bras ouverts
Et me propose un avenir remplie de sagesse et d'expérience

POÈME : Un nouveau massacre ?

J"imagine qu'aucun de vous ne veut plus Verdun
Avec ses boues de Neiges aux yeux de chacun
J'imagine que les massacres D'hier
Ne se ressusciteront point en hiver
J'imagine que les fours crématoires
Avaient laissé en vous le goût de l'abattoir
J'imagine que Nagasaki, Hiroshima
Et les fosses communes de Rwanda
J'imagine que les nuits de Noël passées
Dans les tranchées en sang avaient surpassé
L'atrocité des films d'horreurs ensanglantés.
A la vue de l'histoire mon cœur n'a pas accepté
Les rivières de sang de la Libye,
La montagne de cadavre de la Syrie
Et le massacre des juifs, des noirs
Au nom de la race ou de la religion.
J'imagine que le désir de chacun
C'est de surpassé la haine et laisser place à l'harmonie
Pour retrouver ensemble la paix de l'essence
Pour enfin de construire notre Eldorado

POÈME : Que tu es belle !

Oui tu es vraiment très belle
Ton teint chocolat me met dans l'allégresse
Ta voix m'éblouit et casse ma résistance
Oui tu es vraiment très belle
Quand je t'ai vu pour la toute première fois, c'était la tour de Babel
Dans mon corps, tout est devenu désordre
De la tête au pied on ne sait plus qui donne les ordres
Oui tu es vraiment très belle
Dans le paradis de tes yeux se trouve mon refuge
Je les contemple avec émotion et je les décris avec éloges
Ton sourire de rubis est la porte de mon paradis
Ce sourire provoque dans mon cœur un grand incendie
La flamme monte à travers les veines de mon corps
Et gouverne mon âme et ma pensée sans mon accord
Oui tu es vraiment très belle
Et maintenant que je vis dans la paix de tes lèvres
J'ai le courage de vivre même si j'ai de la fièvre
Ton visage m'inspire et me donne des mots poétiques
Alors je me sens comme un prince de la Rome antique
Et par tes yeux et ta douce âme raffinée
Tu rends merveilleuse toutes mes journées

POÈME : La fille du Togo

Sur le toit du pic d'Agou, je vois ta beauté
Elle est rayonnante que celle de la gazelle de Kanté
Le bonheur que procure ta cuisine
Révèle la richesse de nos tubercules sans épines.
Ta démarche seule me fait planer sur la cascade de Kpimé
Et me donne l'impression d'être le Maire de Lomé
Dans tes pagnes multicolores tu ressembles à Bella Bello
Qui, toute souriante, chantait la gloire de Bafilo
Ton âme est plus pure que la couleur du Sodabi[1]
Dans laquelle je vois les vierges de Kara dans leurs habits
Sur la route d'akpema[2] et devant les lutteurs d'Évala[3],
Dont la beauté éclaire la forêt de Pagala
Ton sourire éloigne l'esprit de tristesse
Et immerge tous les peuples dans une rivière d'allégresse.
Maintenant sur le lac Togo entre Aného et Togoville
Je vois ton corps ébène sur la route de Vogan ville.
Dansant sur le rythme sonore d'Agbadza[4]
Qui rappelle le courage et l'harmonie de nos aïeux.
Fille du Togo tu es la mère de l'accueil
Tu es belle partout et même dans mon recueil

KOUF D'été.

Explication des concepts

1= boisson locale du sud Togo préparée a base du vin de palme.

2= cérémonie des vierges dans le pays Kabyè

3= fête traditionnelle des Kabyè

4= Danse traditionnelle des Éwé (sud-Togo).

POEME : Danse de l'amour

Aussi vrai que le son de toutes les musiques diffère
La danse de l'amour fuit les cœurs qui vocifèrent
Aujourd'hui la danse de l'amour prend un train divers
Et montre au monde et aux amoureux un autre revers

Je vois dans cette danse l'amour quitter tous les cœurs
Pour prouver sa valeur entre les jambes des âme-sœurs
Oubliant le respect, l'humilité et les premières douceurs
Dans ce train pour se donner aux balades de douleurs

De douleurs qui enfantent haine, mépris et vengeance
Alors que l'amour est sublime, tendre et sans méfiance
L'amour est un contraste romantique et nostalgique
Nostalgique basée sur des moments tendres et magiques

Dans lesquels les parents des deux camps donnent un accord
Pour que la rose soit bien cueillie avec un honneur record.
Mais aujourd'hui la danse de l'amour prend un train divers
Et montre au monde et aux amoureux un autre revers.

Dans ce train, l'amour porte un masque mélancolique
Car la rose cueillie avec honneur porte une nouvelle tunique
Sur laquelle on ne trouve aucune marque de soumission,
Seulement des signes de maitrise nocturne avec mention

Des marques de palabres de commérages et des querelles
Qui empoisonnent toute la maison de néfastes séquelles
Pourtant elle était une fleur rare selon tous les témoignages
Une rose douce, tendre et docile qui ramassait tous les éloges

Effaçant ainsi toute tentative de rupture avant le mariage
Alors que la rose savait ingénieusement cacher tout l'orage
Qui l'habitait et laissait ignorants les gens de son entourage
Tout est alors disposé pour avoir une famille de sombre mirage,

Pour encaisser des moqueries et des insultes de tout le voisinage
Pour avoir un foyer sans un vrai bonheur comme un ciel sans nuage
Ce qui provoque des assises à répétition pour restaurer les dommages
Et les deux camps se retrouvent pour soigner un peu leurs images.

Car la danse de l'amour a pris un train divers
Et montre au monde et à ses amoureux un autre revers

Ton sourire

Ton sourire est la lumière de mon ombre.
Il est l'éclat des étoiles sans nombres,
Qui m'éloigne des sentiments funèbres
Une étincelle qui éclaire mes ténèbres.

Ton sourire multiplie ta beauté par mille
Et relève mon âme quand je chancelle
Il fait grandir en moi un sentiment éternel
Il m'établit et fait de moi un prince fidèle

Ton sourire rayonne comme le soleil au ciel
Qui colore ma demeure comme un arc-en-ciel
Il est la seule lampe qui luit ma nuit profonde
La seule lampe qui dissipe toute mon inquiétude

Ton sourire est une forteresse de tendresse
Un bouclier qui me protège contre la tristesse
Un Château où réside toute mon allégresse
Ton sourire m'inspire et augmente ma sagesse.

POEME : J'ai envie d'y croire

Le ciel est rempli de nuages d'orage
Le flot des vagues s'élèvent avec rage
Le vent des côtes s'éloigne de la plage
Et l'état de l'atmosphère brisa mon courage

Pendant toutes les nuits je suis dans le noir
Car la lumière de ta présence me quitte le soir
Même le soleil refuse de visiter mon cœur en larme
Et les ténèbres étouffent nos nuits de secret intimes

Mais j'ai envie d'y croire

Oui j'ai envie de croire que ton sourire me reviendra
Ton sublime visage, à nouveau me retiendra
Auprès de la chaleur que me procureront tes bras
Tes ressources naturelles réchaufferont mon drap

Je les exploiterai minutieusement jusqu'au petit matin
Jusqu'à ce que l'éclat du soleil éclaire notre jardin
Le ciel orageux se dissipera et nous verrons la lumière
Qui nous réjouira comme un bateau de croisière.

Les lumières

Demain dès l'aube au premier chant du coq
Quand le soleil sera loin derrière les tecks
Je me tiendrai sous le grand iroko du village
Qui regarde vers les cases en terre tâchées d'images
D'où viennent le parfum matinal des femmes du quartier.
Vers la rivière située à un kilomètre jonchée d'arbres fruitiers.
Je verrai ces êtres dociles, zélés entièrement adonnés
Bassine à la tête, corde aux bras mais ordonnés
Éclairés les sentiers étroits que le soleil n'a pas encore illuminés
Et que les rosées n'ont pas eu le temps d'abandonner
Oui je verrai ces femmes qui animent l'aube sans tambour,
Avec leurs sourires entremêlés de paroles et plein d'humour
Je verrai ces lumières annoncer l'ambiance du jour
Avec les cris de l'enfantement et le bonheur des premiers séjours
Oui je verrai des lumières en sueurs qui abandonnent tout pour le bonheur d'autrui.

Poème : Sans biceps ni abdos

J'ai su que son amour est destiné aux mecs costauds
Pourtant je suis rentré dans la danse sans couteau
Que puis-je faire devant elle sans biceps ni abdos ?
Ma première visite je n'avais que mon sac à dos

Devant elle, la princesse des mille collines
J'ai vu son regard radieux qui m'illumine
Je suis devant elle sans biceps ni abdos
Je ne voulais pas être pour elle un fardeau

Mais à vrai dire je n'avais que mes mots
Mes mots qui sont entreposés en vers rimés
Mes mots comme une arme puissante et rythmés
Mes mots qui provoquent l'amour des mots

Je suis revenu avec elle, sans biceps ni abdos
Sans aucun cadeau venu de Vogan ni de Bordeaux
J'en ai parlé à Palmesi Sauvage depuis le Congo
Il m'a juré de lui promettre que viens vraiment du Togo.

La nostalgie

L'arrivée de cette vacance me rend lourd de souvenir,
Des moments précieux qui marquent à jamais notre avenir
Je mets en ordre mon passé ; mes douceurs et mes douleurs
Puis je me dis que cette vacance m'évitera le malheur
Mais comment ? Tout cela reste un grand mystère.
Dois-je choisir de nouveau cette partie de la terre ?
Où je t'ai trouvé comme une fée dans un royaume ?
Où je t'ai dédié la plus grande partie de mes poèmes
Il y a longtemps comme des citoyens
Nous avons vécu heureux sans un grand moyen
Comment oublier ces moments de joies et de sourire
Dans lesquels j'ai laissé l'éclat de ta beauté me nourrir
Où j'ai vu ton sourire illuminé mes nuits.
Et quand tu partais, je me suis senti comme un détenu
Injustement accusé sans loi
Pourtant en ta présence j'étais un roi
A travers les sentiers on avait effectué une tournée
Qui avait meublé de plaisirs toute notre journée
Cette nostalgie, soudain m'inspire
Avant de la saisir, profondément je respire,
Dans ma pensée j'ai tant d'idées, d'images
De souvenirs, d'actions et ton visage
Avec lesquels je peux écrire une épitre
Installé devant ma table au bord de la fenêtre
Je passe un temps fou décrivant nos instants glorieux
Et nos délices qu'on a élaborés dans le sérieux
Je revois encore tes yeux pleins de larmes
Lors de ces adieux qui toucha vraiment mon âme

Je croyais pouvoir te toucher dans mon sommeil
Mais je découvre que c'est une illusion au lever du soleil
Ça me laisse dans une tristesse infinie
De savoir que tu seras loin de moi pour un temps indéfini.

Encore un chant :

Le soleil était si jeune pourtant il y avait de la sueur
Sur le front de chaque visage on dirait des pleurs.
Jusqu'alors le contour du village garde son silence,
Loin de traduire l'atmosphère de la tristesse
Qui pourtant était visible sur chaque visage
Mais la conscience de la mort qui ne connait pas d'âge.
Encore un chant et le temps finira son œuvre comme toujours
Nous montrant notre finitude comme le passage de chaque jour
Encore un chant qui sera pour papa le dernier hommage
Je me vois pressé par ce chant comme la vigne qu'on vendange.
Et mes larmes, sans le vouloir sortaient de leur monde
Pour faire voir à la foule toute ma solitude.

A tes côtés

A tes côtés, j'ignore l'existence du temps.

Car j'ai trouvé dans tes yeux le bonheur depuis longtemps.

A tes côtés je suis incapable de prédire

Ce que ton visage fée voulait dire

C'est pourquoi dans ce silence j'espère

Comme avait dit mon père

A tes côtés, je me sens comme au bord de la mer

Dans un festin de famille avec ma mère

A tes côtés, je garde toujours le silence

Pour écouter battre ton cœur avec confiance

A tes côtés je suis en bonne humeur

Comme si les anges avaient visité ma demeure

A tes côtés je passe un bon jour

Où tu es ma reine pour toujours.

Où ta majestueuse voix me fait rêver

Où nos regards et notre amour sont élevés

Vers le ciel et vers l'horizon

Ce qui rassure qu'on aura raison.

Car notre union depuis longtemps n'a pas de saison.

Et à tes côtés je construirai notre maison.

POÈME : Mon enfance

J'étais un enfant de la campagne
Et j'étais fier de mes vêtements de pagne
Je courais pieds nus dans les sentiers
Sans me rendre compte de la nature de ce métier
Qui faisait de moi un gamin très heureux
Même si je n'étais pas du tout sérieux
L'herbe sur les sentiers ne faisait que vivre
Et le cri des oiseaux me rendait ivre
De bonheur. Le temps était merveilleux
Et l'atmosphère du village me rendait heureux.
Le parfum naturel des fleurs sauvages
Me séduisait dans un mystérieux langage
Je me souviens de ma vie au village
Où toute mon enfance était un éloge.
Où la vie était une merveille naturelle
Comme dans le divin royaume éternel
Où ma mère était la meilleure des créatures
Où les colombes venaient se poser sur notre clôture
Toutes ces choses me font aimer mon enfance
Et le village a vu grandir mes compétences.

Kouf d'été

Adieux

Adieux tendres nuits étoilées

Adieux douce matinées de baisers voilés

Adieux merveilleuses soirées ensoleillés

Je dis adieux à tous ces moments qui m'ont émerveillé

Adieux à ces nuits de naturelles surprises

Qui longtemps ont couverts nos instants de crise.

Adieux à ces temps de délice

Qui ont vu mon cœur battre avec confiance

Adieux à tes yeux et ton âme raffinés

Dont la lumière avait éclairé mes journées

Tout ceci était pour moi comme un rêve

Dans lequel j'attendais que le soleil se lève

Pour que je puisse aimer de nouveau

Et voir tout le bonheur que ça vaut

Mais c'était une triste réalité

Qui a éloigné de moi l'amour et la gaieté

Maintenant je me sens seul dans ce monde

Où la lune n'est pas toujours blonde

Kouf d'été

L'horizon

L'atmosphère à cet endroit est magnifique
C'est là que la nature est belle
Derrière la végétation au coucher du soleil
Et l'air frais qui vient de la forêt galetée
Libère mon âme de son mutisme voilé
Aussitôt je découvre l'horizon avec ma pensée.
J'y suis avec ma plume ancrée d'émotion.
La douceur et beauté esthétique de ma plume,
J'avoue que sa source est dans l'horizon
Où réside la musique, le vrai amour et la joie
Où les fleurs dansent dans leur multitude
Où le bonheur plane comme Dieu dans le jardin d'éden
C'est dans cet univers que le prince fait
Des éloges avec émotion à sa dulcinée.
La paix, la haine et la guerre sont aussi l'horizon
La paix, la mienne est dissout dans l'angoisse
Ce mot cherché comme un champ de Diamant.
N'existe peut-être que dans un rêve
Car dans l'horizon, j'ai vu la vraie guerre.
Les tribus qui s'entretuent, les frères qui se haïssent
J'ai vu de mes yeux le désespoir des peuples
J'ai vu des gens se coucher dans le sang
J'ai vu dans l'horizon les nations gouvernées
Par la cupidité, la soif du pouvoir et la gloire
J'ai vu des chefs abattus comme des chèvres
J'ai vu d'imminents dirigeants oubliés leur dignité
Pour leur banque même si c'est avec le sang des Innocents
Mais pour cette journée nouvelle
Réveilles-toi oh terre ! Comme le soleil

Bannis la corruption et chasses la cupidité

Fais de la rivière de sang de Syrie

Une vallée de paix où le sourire se multiplie

Car voici dans l'Horizon tes enfants

Qui dans les quatre coins du monde crient

Pleurent, mangent et boivent la souffrance.

Lèves-toi et dis NON ! A la guerre

Pourtant je t'aime

Je fis mon choix croyant m'éloigner de la tristesse
Car je croyais tellement en ton innocence
Hélas ! Je n'aurais pas dû croire à cette illusion
Et poursuivre cet amour comme l'évasion
Derrière ce visage se cachait la souffrance
Alors que je m'étais engagé avec toute ma force.
Je veux savoir pourquoi mon âme est si seule
Comme un voyageur dans le désert au crépuscule
Tes yeux brillent comme le soleil d'été
Mais je marche dans une puissante obscurité
Aussi mon cœur s'éloigne de cette douce romance
Fuyant en abandonnant avec mépris la confiance
Cette lumière éclaire l'autre d'allégresse
Mais emprisonne ma vie dans ta forteresse
Mes larmes écrivent ton nom sur ma face
Comme si tu demeures mon remède efficace
Car je t'ai vue tué notre histoire
Comme le boucher égorge la vache à l'abattoir
Seul, calme, triste je retourne
Vers ma liberté d'esprit pleine de fortune
Après ces adieux de chagrin et de larmes
Qui blessent mon cœur et ma pensée comme un drame

Poème : Tes douces caresses

Tes caresses purifient ma colère souillée
Sans se rendre compte de ma bouche mouillée
Je me sanctifie à l'ombre de ta langue douce
Et tu traverses mon corps de ton mou pouce
Ta bouche a le goût d'un fruit sauvage
Et la nuit voit chaque geste de nos visages.
Tu m'enclaves dans cette brûlante caresse
Qui déchire mon cœur comme une vraie tigresse
Ma langue trouve refuge sous tes lèvres
Je lis sur ton visage comme dans un livre
La nature de cette caresse m'est inconnue
C'est pourquoi j'aimerais te caresser à torse nue
Dans une nuit de noce que la lune luit
Tes caresses sont les seules choses dont je jouis.

La remémoration

Ce jour-là, l'aurore vomissait à peine le soleil
D'une couleur pâle pour peindre nos larmes.
Devant ce train qui t'emporta pour toujours
Je descendis dans notre enfance merveilleuse
Où main dans la main nous exploitions la forêt
Où vivacité, bonheur et joie nous accompagnaient
Où tu me montrais la tendresse de la rivière
Adoucit par la nuit profonde
Mais aujourd'hui devant ton éternel demeure
Je glisse lentement mes larmes baignées de nostalgie
Je me rappel sur les bancs, tu fus le meilleur
Et chaque fois que l'horizon engloutit le soleil
Dans sa gueule jaune-pâle de fièvre
Tu me montrais le mystère de la nature ensoleillée
Moi, je te parlais des lions que les nuages dessinaient
Et tu me prenais pour un romantique français
Et maintenant j'embrasse la solitude dans la tristesse
Oh ! Mort, cruelle sois-tu ; inévitable est ta nature
Mon compagnon : puisse la terre te garder en paix

POÈME : Ma fleur du désert

Tu es la fleur du désert au bout de mon chemin
Il est rare de voir une telle fleur dans le jardin
Toute mon attention est destinée à ton charme
Tant que je vis tu seras le sujet de mes poèmes
Car l'aspect esthétique de ta beauté m'inspire
Et crée en moi la grandeur de Kanka Moussa et de son empire
Je ferai sculpter ton image dans le ciel
Pour que le monde entier t'admire comme un arc-en-ciel
Ton sourire donne de l'éclat à tes yeux d'ange
Alors mon existence est luise par ton brillant visage
Je ferai en sorte que les royaumes t'appartiennent
Et tu seras pour tous les peuples la seule reine
Je donnerai l'éclat des étoiles à ton sourire de diamant
Pour que la lumière de ce sourire brille éternellement
Tu as l'odeur du parfum des anges
Ta noblesse égale celle des mages
C'est pourquoi j'analyse la nature de ton image
Avant de t'écrire mes éloges

POÈME : La peau noire

C'est un divin trésor qui fait notre fierté
Et assure partout dans le monde notre identité
Pourquoi craints tu de garder ce trésor royal
Qui a permis à nos pères de se sentir loyal
Nos aïeux l'avaient conservée même enchainés
Pendant l'esclavage, pendant les luttes acharnées
Réjouis-toi oh fille noire de la couleur de ta peau
Toi qui ne l'a pas encore transformée alors chapeau
Car elle te donne une beauté émouvante
Et fait de toi une créature ravissante
C'est cette peau que nos ancêtres célébraient avec des tambours
Autour du feu avec joie et avec tant d'amour
Souviens-toi du passé et penses bien à demain
Retiens cette folie qui te ronge et prend le bon chemin
Ne te sens pas humilier et mets la discrimination dans l'oublie
Car tu viens du pays de l'abondance et des grandes pluies
Du continent des grandes valeurs, des palmiers
Où seule la collectivité fait de nous des premiers
Du continent de grandes richesses et de la plénitude
Où le courage et la détermination restent notre habitude

Poème : UN MONDE SANS MUIQUE

Un monde sans musique est un peuple sans âme
Un monde sans musique c'est le mutisme de toutes âmes
Un monde sans musique est une forêt sans arbres
Un monde sans musique est une femme sans palabre
Un monde sans musique est une bibliothèque sans livre,
Un monde sans musique est un corps sans vie,
Une vie sans histoire
Une histoire sans héros
Un héros sans gloire
La musique c'est la vie
Elle est l'âme d'un peuple
Elle est le côté divin des humains
Elle est le soleil des ténèbres
Alors chantez, jouez du piano, de la guitare ou du tam-tam
Faites du bruit en harmonie car c'est la liberté de l'âme
Chantez pour vivre, vivez pour chanter
Continuez de chanter car c'est un voyage vers le divin
Enivrez-vous du son de tous les instruments comme du vin

POEME : *L'ATTENTE*

Mon âme sourit avec patience à l'aurore.

Nourri d'espoir comme un roi qu'on honore,

Je suis dans l'attente de notre rêve qui s'éclore

Notre rêve qui brille tel de l'or

Ancrée de sourire, ma plume me rend nostalgique

De ce jour où ton regard magique

Rendait mon cœur nu comme un scientifique

De ce jour où j'ai touché ton corps magnifique.

Qui avait rempli ma demeure d'allégresse

Et maintenant je suis dans l'attente ma déesse

Voyant le bonheur lointain de notre fruit

Qui grandit secrètement sans bruit

Dans la profondeur de ton royaume

Et dans mon attente je lui dédie ce poème

POÈME : La fièvre d'amour

Tout doucement les étoiles prenaient place sur les nuages
Et la nuit silencieuse laissait nos yeux voir ces images
Même le temps ne dominait en rien cet instant d'éternité
Qui nous fait voir la lune a moitié nue sur les vagues agitées

La fièvre d'amour se vie chaque jour
Où les cloches de l'église ne sonnent que pour nous
Où le ciel n'est bleu que pour nous
Où le vent ne souffle que pour nous

Où les vagues vont et ne reviennent que pour nous
Où le temps ne s'arrête que pour nous
Où la chanson de l'époque n'est composée que pour nous
Si l'épée est tirée elle l'est pour nous

Et quand le vert des champs se marient avec le bleu du ciel
Nous découvrirons la campagne et son miel
Son vent léger, frais, doux et naturel.
La fièvre d'amour révèle ainsi ses symptômes dans nos cœurs.

POÈME : Ma plus longue nuit

Je pense encore à cette saison de pluie
Qui a vu les arbres porter des fruits
C'était une saison qui était loin de la famine
Hélas ! Pour manger je devais demander de la farine

Pendant la journée qui a précédé cette nuit j'avais d'espoir
L'espoir de ne pas rejoindre ma couche à vide ce soir
C'était une sombre et profonde nuit de juin
Que je suis allé au lit à Jeun
Les dernières heures de cette furent lentes
Et tout mon désir était de voir le soleil au bout de mon attente
Car toutes la nuit je l'ai passée en comptant les poutres du toit
Je passais en revue chaque recoin de la chambre
Croyant peut être trouvé quelque chose
Pour mettre fin à cette désagréable surprise
Mon ardent désir est de revoir le soleil comme tout homme
Avant de proclamer une vraie délivrance de mon âme
Terrible nuit dont le souvenir me donne des frissons
Pour oublier ce moment désagréable, j'entonne une chanson.

Le trajet :

Nous avons vu de loin un faible soleil
Qui arrangeait l'atmosphère pour le seuil du trajet
Malgré ce temps morose, ta présence empêche mon sommeil
Puis nous sommes séduits par la beauté des arbres qui défilaient et qui nous rappelle nos projets
Nos yeux, qui, immergés dans ce spectacle naturel évoquent un futur radieux
Dans lequel nous oublierons nos faiblesses et les peines infligés
Nous laisserons l'ancienne eau couler sous le pont.
Je planterai un avocatier dans le jardin de ton palais
Et nous y boirons du vin de palme et du Sodabi mielleux
Le bruit et les multiples sourire de nos enfants nous inonderont
Et je t'écrirais des vers en ancre dorée, pour te dire
Que tu es plus belle que les papillons du printemps.
Le trajet tend vers sa fin malgré la fatigue des autres nous deux nous gardâmes le sourire.

POEME : La campagne des déçus

Fleurissante, verdoyante, pleine d'énergie cette campagne
Des cœurs se révoltent de s'en être éloigné sans vergogne
Mais arriver à la dernière gare de la vie en sueur et usés,
L'existence les regardent tous de derrière d'un œil rusé

Car c'était la campagne des déçus, voilée de mince joies
Qui couvrent des milliers d'heures d'atroces effrois
La vie ainsi passe au-delà des combats sans exploit
Laissant ceux qui créent la chaleur dans le froid

Laissant ceux qui travaillent nuit et jour dans le besoin
Laissant ceux qui guérissent les cœurs sans aucun soin
Et ceux qui hébergent toujours ne sont jamais reçu
Car la vie est une campagne où tous sont déçus.

Poème : Que pense Dieu ?

Parmi les nations se pose toute sorte de question
Sauf que pense Dieu de ma situation ?
L'homme, devant le cinéma de son existence
Souvent remplie de joies ou de remords,
Fouille dans le cahier de ses souvenirs épiques
Pour voir s'il est coupable des actes de son époque
Mais oublie souvent la question que pense Dieu ?
Du jugement des hommes et celui des dieux
Pourtant si nous laissons simplement Dieu répondre
Au lieu de se culpabiliser et de se morfondre
Dieu nous aurait dit que peu importe comment ils nous jugent
Peu importe le nom qu'ils nous donnent
Peu importe ce qu'ils nous ont enseigné,
Il sera pour nous un bouclier contre la tempête
Il nous établira et il nous rendra fort.
Tournons pour cela vers Dieu avec cette question
Que penses-tu de ma situation ?

Poème : Elle

Dans ma solitude j'avais de l'espérance
J'avais des rêves pour me mettre en confiance
Puis j'ai découvert un grand bonheur
Dans ses yeux marrons qui me font honneur

Aujourd'hui elle est la reine de mon cœur
Nous vivons heureux loin des moqueurs
Elle est la seule héritière de mes pensées
C'est pourquoi la mélodie de sa voix nuancée
M'offre un grand et éternel plaisir
Et vivre à ses côtés reste mon désir

Car elle est la destinée, ma belle Sylvie
Oui elle fait la force de mon envie
Voilà pourquoi je veux qu'elle me regarde souvent
Avec ses yeux d'ange qui m'emportent comme le vent.

Poème : Mon Père et ma mère

Mon père était un homme
Ma mère était une femme
Mon père était polygame
Ma mère lui faisait des légumes
Mon père était mon père
Et ma mère était ma mère
Et le monde allait de paire
Ma mère avait le teint noir
Qui brillait même les soirs
Je n'avais pas un père et un père
Mais j'avais un père et une mère
Oui, un père polygame mais un père
Une mère analphabète mais une mère
Pourtant j'ai ouï dire que nous sommes primitifs
Mais tout allait bien avec cet adjectif
Je suis primitifs mais avec un père et une mère.

Printed by Books on Demand GmbH, Norderstedt / Germany